AS AVENTURAS DE JULIANA BALTAR

Diretora
Rosely Boschini

Gerente Editorial
Marília Chaves

Editora e Supervisora de Produção Editorial
Rosângela de Araujo Pinheiro Barbosa

Assistentes Editoriais
César Carvalho e Natália Mori Marques

Controle de Produção
Karina Groschitz

Preparação
Eugênia Souza

Projeto Gráfico, Diagramação e Capa
Vanessa Lima

Revisão
Elisa Zanetti

Fotos
Arquivo Pessoal e Lucas Landau

Beleza
Miss Emanuelle

Tratamento das Imagens
Mateus Moraes – Alt Retouch e Vanessa Lima

Impressão
Arvato Bertelsmann

Única é um selo da Editora Gente.

Rua Pedro Soares de Almeida, 114,
São Paulo, SP – CEP 05029-030
Telefone: (11) 3670-2500
Site: http://www.editoragente.com.br
E-mail: gente@editoragente.com.br

Dados Internacionais de Catalogação na Publicação (CIP)
Angélica Ilacqua CRB-8/7057

Baltar, Juliana
As aventuras de Juliana Baltar : venha viver as histórias mais malucas com a youtuber que diverte o Brasil inteiro / Juliana Baltar. – São Paulo : Única, 2016. 2ª tiragem.
128 p. : il., color.

ISBN 978-85-67028-93-4

1. Baltar, Juliana, 2007- 2. Entretenimento 3. Internet – Vídeos 4. Vlogs (Internet) 5. YouTube (Recurso eletrônico) I. Título

16-0714 CDD 028.5

Índices para catálogo sistemático:
1. Literatura infantojuvenil 028.5

AS AVENTURAS DE JULIANA BALTAR

Venha viver as histórias mais malucas com a youtuber que diverte o Brasil inteiro

ÚNICA editora

AGRADECIMENTOS

A Deus. Sem Ele, nada seria possível.
À minha irmã RaFa, por embarcar em todas as minhas aventuras e me dar muito carinho.
Ao meu pai, por todo o amor e todas as brincadeiras.
À minha mãe, por ser essa pessoa maravilhosa que sempre me apoiou.
Ao meu cunhado Luiz, por ser o melhor cunhado do mundo.
Aos meus amigos, principalmente a Melissa, por estar sempre junto comigo.
A todos os seguidores, que sempre me defendem e querem o meu bem.
À mais especial: minha vó Norma.
Vó, muito obrigada por todo amor, carinho e salgadinhos, rs. Te amo. ♥

+ DE 1 MILHÃO DE SEGUIDORES

SE VOCÊ QUER
SE DIVERTIR,
VEM COMIGO!

SUMÁRIO

CAPÍTULO 1

A Fantástica vida de Juliana Baltar

Por
Rosane Baltar,
mãe da Juliana

Desde pequena a Juju já gostava de ver vídeos no YouTube!

A primeira viagem de avião da Juju foi aos quatro anos

Desde pequena a Juju já adorava ficar na piscina

Juju usando o capacete do papai

Juliana Alves Baltar Matos nasceu no dia 24 de maio de 2007, no mês das mães, e foi um precioso presente. Porém, chegou um mês antes da data prevista, e, ansiosa desde sempre, já queria nascer no quarto mês de gestação. Então, como comecei a ter contrações muito cedo, precisei ficar de repouso até seu nascimento.

Mas, quando enfim ela chegou, foi aquela agitação. Desde pequena já gostava de participar de todas as atividades que propúnhamos. Muito falante e espoleta, nunca parava quieta – aliás, até hoje é assim. Na escola era do mesmo jeito: gostava de ser sempre a ajudante da professora. Ela é uma menina muito inteligente e sempre teve ótimas notas.

Juliana é uma criança à frente do seu tempo e fala como um adulto. Mesmo assim, age como criança. Não para quieta um só minuto e está sempre procurando algo para fazer. Ela é também desorganizada – eu vivo brigando com ela por deixar as coisas fora do lugar.

É muito comilona, parece até a Magali da Turma da Mônica. A todo momento está pedindo:

Além disso, é carinhosa ao extremo e o tempo todo está declarando seu amor pela nossa família, tanto oralmente como por cartinhas.

Se sua mãe fosse contar sua história em um livro, quais seriam as frases-chaves que ela usaria para descrever você?

O que vocês nem imaginam é que aos três anos Juliana ficou gaga. Isso mesmo: a Juju, a comunicativa e extrovertida Juju que vocês acompanham no canal, foi gaga dos três aos quatro anos e sofreu bastante com as brincadeiras de mau gosto que a irmã Rafaella fazia por causa disso. Preocupada, levei a Juju ao pediatra. Ele me explicou que aquilo era normal naquela idade, principalmente por ela ser ansiosa. Com o tempo ela foi melhorando e hoje em dia fala pelos cotovelos.

Pai Evandro, mãe Rosane, irmã Rafaella e Juliana

Aniversário de quatro anos da Juju

Além disso, certa época durante o primeiro ano escolar, Juju ficou isolada na escola. As meninas da classe não a convidavam para participar das brincadeiras, e isso me deixou preocupada. A Juju sempre foi uma ótima menina, nunca foi egoísta, sempre emprestou suas coisas aos amigos sem pestanejar. Porém, chegava em casa triste quando era excluída pelas colegas. Em uma das festas de dia das mães, presenciei uma cena da qual me lembro até hoje: as meninas se reuniram para tirar uma foto e não chamaram a Juju, que ficou cabisbaixa observando a felicidade delas. Eu me senti supermal. Minha filha tão brincalhona, extrovertida e amiga sendo humilhada daquela forma. Tentei consolá-la, dizendo que elas não

Rafaella, Luiz Phellipe e Juliana

Vó Norma, mãe Rosane, Juliana, pai Evandro e irmã Rafaella

Vó Norma e Juliana

Vó Norma e Juliana

a tinham visto e que a foto mais importante foi a que tiramos juntas. Ela, com esse jeitinho especial só dela, falou: "É mesmo, mãe" e voltou a sorrir. Hoje, quando vejo tantas crianças no Brasil que têm um carinho enorme por ela eu me lembro desse dia. Ela cativou a amizade não só daquelas colegas que um dia a isolaram do grupo, como de vários meninos e meninas do Brasil e do mundo.

CAPÍTULO 2

A boneca que queria uma festa de aniversário

*A BONECA FAZ PARTE DO ACERVO PESSOAL DA AUTORA

Acho que qualquer pessoa que assiste ao meu canal já deve ter percebido que minhas bonecas são minhas filhas queridas. E que a Lari é a mais querida de todas. Levo a Lari para quase todo lugar, e ela se tornou uma companheira de viagem e de aventuras. Não existe amiga tão fiel quanto uma boneca, que dificilmente vai contar seus segredos. Dificilmente.

Um dia, estou vivendo a minha vida normalmente, sabe? Como todo mundo? Você acorda, toma banho, se arruma pra escola, chega na escola atrasada (eu sempre chego, não importa o quanto eu acorde cedo), assiste às aulas, anota as lições correndo porque a professora parece uma metralhadora de matéria no quadro, volta pra casa, almoça, vai para o quarto arrumar o dever de casa, e sua boneca recebe você com um sonoro:

Fiquei branca e na mesma hora fechei a porta do quarto desesperada. Uma coisa que nunca, nunca imaginei aconteceu. A Lari estava se mexendo e falando comigo.

Na verdade, é mentira se eu falar que nunca imaginei. Acho que todo mundo imagina o que aconteceria se seus brinquedos falassem. Ainda mais a Lari, que é mais do que uma boneca. Eu no fundo sempre quis que ela falasse comigo.

MAS ISSO FOI ATÉ O DIA EM QUE ELA REALMENTE FALOU!

😱 😱 😱

Do lado de fora do quarto, com a porta fechada, decidi contar até dez para esperar as coisas voltarem ao normal. Vai ver eu que acordei cedo demais ou comi demais no almoço e estava imaginando coisas. Nunca vi boneca viva. Ainda mais que cobra se você não chegar na hora.

Comecei a contar. Conta comigo:

1 ______ 3

4 5 ______

______ 8 9

10

Hora de entrar no quarto de novo. Tudo vai dar certo. Só estou imaginando coisas.

— Mas que grosseria, hein, Juliana? Te espero a manhã inteira e você nem me dá "oi" e ainda bate a porta na minha cara?

Fechei a porta de novo. Não podia ser. A Lari estava falando. Estava falando COMIGO. Mas, ok. Não posso viver fora do meu quarto, vou ter que entrar lá de qualquer jeito.

— Juliana!

— Lari... você fala agora?

— Pois é, eu falo, estou tentando há anos e finalmente consegui. Mas só vou conseguir falar por vinte e quatro horas. Eu preciso de uma coisa de você, Ju. E só você pode me entender.

— Mas, Lari, eu não sei o que posso fazer por você. Tenho dever de casa agora e minha mãe não está aqui... Você quer comer alguma coisa? Quer um lanche?

— Não, tonta... Meu Deus. Boneca não come. Mas boneca também tem sentimentos. Eu quero ajuda pra realizar meu sonho.

— Você tem um sonho?

— Sim, faz anos.

— Você tem um sonho há anos?

— Eu quero uma festa de aniversário.

— Como assim?

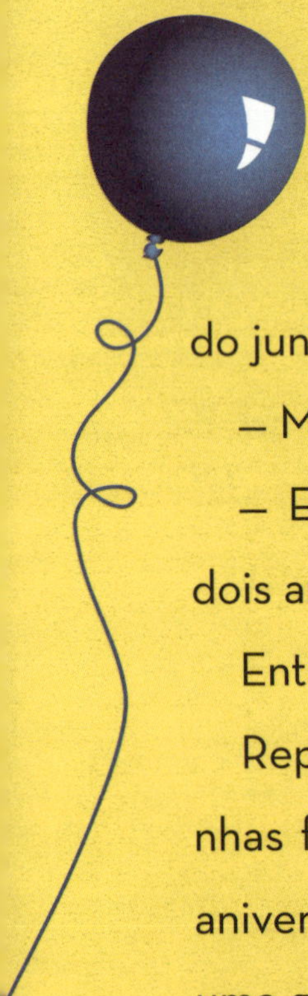

— Eu vejo vocês o ano inteiro se arrumando para festas, trazendo presentes de aniversário, falando de bolo, de brigadeiro, de várias pessoas comemorando juntas, dançando. Eu nunca tive uma festa.

— Mas eu nem sei quando é seu aniversário.

— Então fique sabendo que estou fazendo dois anos HOJE!

Então era isso...

Repassando: minha boneca Lari, uma das minhas filhas mais velhas, está fazendo hoje seu aniversário de dois anos. Lari é muito querida e uma grande amiga minha. Uma filha do coração que eu amo demais. Apesar de ser um pouco

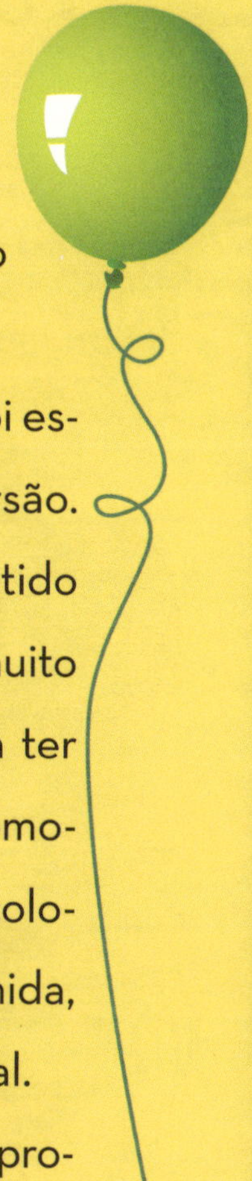

teimosa e às vezes fazer um pouco de malcriação, ela sempre foi um ótimo exemplo para as outras bonecas.

O dia em que Lari entrou para a família foi especial, pois ela trouxe muita alegria e diversão. Quando ela chegou em casa, com seu vestido rosa e azul (suas cores preferidas), já fez muito sucesso. Então, exatamente por isso, eu ia ter que organizar uma festa incrível para comemorar o aniversário dela. A festa ia ser toda colorida, como ela gostava, com música e comida, para que a Lari visse o quanto ela é especial.

Minha cabeça estava girando, e só pude prometer que ia sim fazer uma festa linda para ela.

Minha primeira ideia foi procurar a minha irmã Rafaella e pedir ajuda. Se tem alguém que pode me entender é ela. Logo a chamei no WhatsApp.

< Chats

Rafaella

online

Ju: Rafa, tô precisando de ajuda com um negócio.

Rafaella: Ai... que foi?

Ju: Sabe minha boneca? A Lari?

Rafa: ?

Ju: Ela está falando e disse que quer uma festa de aniversário.

Rafa: HAHAHAHHAHA

Rafa: Tá me trollando?
Vai printar a conversa?

Ju: Não, Rafa, é sério.
Me ajuda a dar uma festa,
só temos 24 horas!

Rafa: Você não tem dever pra fazer?

A reação da Rafa me mostrou que eu teria que fazer aquilo tudo sozinha. Decidi fazer uma lista das coisas de que precisaria para dar a festa.

Do que uma megafesta precisa?

1. Bolo
2.
3.
4.
5.

Que tema de festa
você gostaria de ter?

Para organizar a festa perfeita e garantir que tudo desse certo, comecei a planejar cada detalhe com muita antecedência. Na minha lista de coisas para fazer, vinha em primeiro lugar o bolo: seria de sabor chocolate com granulados coloridos, o preferido de Lari. Depois do bolo, o tema da festa era a coisa mais importante. Conversei com as minhas outras filhas e decidimos que o melhor tema seria Princesas. Lari adora as princesas da Disney, e sua preferida é a Aurora, do filme *A Bela Adormecida*. Por isso, eu comprei vários balões rosa e azuis, além de imagens da Aurora e de suas fadas-madrinhas para enfeitar as paredes. A mesa do bolo é a parte principal da decoração, então, para prepará-la, usei uma linda toalha rosa com flores azuis, um castelo da Barbie e bonecas em miniatura também da princesa Aurora e das fadas-madrinhas. Fiz vários laços com fitas coloridas para espalhar pela mesa e pelas paredes, o que deu muito trabalho, porque é muito difícil deixar cada lacinho perfeito. Mas valeu a pena. O resultado ficou incrível!

Além do bolo e da decoração, outra parte muito importante da organização de uma festa é a lista de convidados. Já sabia que todas as minhas filhas iriam comparecer, mas ainda precisava conversar com algumas bonecas da vizinhança, amigas da Lari, para saber quem viria. Depois de falar com todos os convidados, cheguei à conclusão de que teríamos vinte pessoas na festa, além da aniversariante. Esse seria o número perfeito para ocupar o espaço do meu quarto, onde aconteceria a grande comemoração.

Quando terminei a lista, fiz o meu dever de casa e, no fim do dia, já estava exausta. Só jantei e fui dormir... Ou tentei dormir, porque a Lari estava tão contente que posso dizer que passou a noite com meu celular na mão, gravando a si mesma enquanto cantava e fazia vídeos.

Indique algumas músicas
para a Lari cantar.
Quais são suas
músicas preferidas?

CAPÍTULO 2

No dia seguinte, eu estava dormindo um sono profundo quando fui despertada por uma voz de menina que repetia: “Ei, Juliana! Acorda! Preciso falar com você!”. Demorei um tempo para lembrar o que estava acontecendo na minha vida. No meu estado de sono, achava que poderia ser a minha mãe me acordando para o café da manhã. Ainda sem abrir os olhos, eu repetia: “Só mais cinco minutinhos...”, com a esperança de que, quem quer que fosse a dona daquela voz, me deixasse voltar a dormir e sonhar com meu castelo de chocolate em cima das lindas nuvens de algodão-doce. Mas aquela voz continuava a repetir no meu ouvido a mesma frase,

EI, JULIANA! ACORDA! A FESTA PRECISA ACONTECER HOJE!,

e finalmente eu decidi desistir de voltar para o maravilhoso mundo dos sonhos e acordar de vez.

Ainda bem que já era sábado! Deixei a Lari cantarolando no quarto enquanto pintava as unhas de rosa e, percebendo que nenhum adulto da casa me ajudaria com a organização da festa, decidi tocar tudo sozinha. Então, comecei a preparar uma *playlist* de músicas. Minha sorte foi que eu tinha todos os áudios e vídeos malucos da Lari cantando e sabia exatamente de quais músicas ela gostava. Agora o maior desafio seria manter tudo isso em segredo da Lari.

Depois dessa longa manhã organizando cada detalhe da festa, me deparei com a maior dificuldade de todas: como é que eu ia fazer um bolo? Como eu estava determinada a fazer aquela festa sozinha, não queria pedir ajuda para minha mãe. Sem falar que se a Rafa já tinha me achado maluca de dizer que a boneca falava, minha mãe provavelmente me mandaria para o hospital. Mas o problema era que, além de eu não saber nada sobre como fazer um bolo, não tinha permissão para mexer no forno sem supervisão. Faltava apenas uma hora para a festa começar, e eu estava entrando em pânico.

Como eu não tinha pensado nisso antes? Com tudo que eu precisava organizar, esqueci completamente que não teria como fazer um bolo de verdade sozinha. Quando eu já estava desistindo e começando a aceitar que a festa seria um fracasso, tive uma ideia. Eu não podia fazer um bolo "de verdade" porque não sabia cozinhar e não podia mexer no forno, mas nada me impedia de fazer um bolo "de mentira"!

Corri para o meu quarto, expliquei para a Lari que a festa seria uma surpresa e por isso eu precisava colocar uma venda nos olhos dela. Então, juntei todas as massinhas de modelar que eu tinha e comecei a trabalhar. Eu queria que aquele bolo de massinha ficasse o mais perfeito possível. Quando terminei os últimos detalhes, juntei todas as bonecas e brinquedos perto dele. Enfeitei as paredes do quarto com os laços coloridos e balões que estavam guardados no armário da minha mãe e então peguei o bolo com cuidado e o coloquei na mesa do meu quarto. Para que a festa não ficasse sem comida, peguei alguns biscoitos na cozinha e os espalhei pela mesa também. Eles foram um sucesso, e ninguém sentiu falta de um bolo de verdade.

Nunca fiquei tão feliz quanto naquele momento em que tirei a venda dos olhos da Lari! Foi maravilhosa a expressão de felicidade no rosto da minha filha mais querida ao ver uma festa todinha para ela, com balões, convidados, bolo, docinhos e música.

eliz aniversário

Comecei a cantar parabéns para ela, e nesse momento minha família entrou no quarto por causa do barulho. Minha mãe achou tudo muito lindo e disse que se soubesse que eu estava brincando de festa de aniversário, teria me ajudado. A Rafa ainda disse que eu estava doida, que eu jurava que a boneca que tinha pedido a festa.

Aquela era minha chance de provar que não estava louca. Afinal, minutos antes a Lari estava curtindo a festa do meu lado, conversando e tudo! Virei pra ela e disse:

– Mas você não pediu, Lari?

Foi então que eu percebi que ela estava normal de novo. Olhei no relógio, dezesseis horas. Já havia passado o prazo das vinte e quatro horas. Pelo menos ela viu os parabéns.

A Rafa olhava para mim do outro lado do quarto rindo, e minha mãe só mandou:

– Para de implicar com ela, a festa tá linda!

No final toda a minha família participou, comemos os biscoitos juntos, e eu posso jurar que hoje o sorriso da Lari é mais largo do que no dia em que ela chegou aqui em casa!

CAPÍTULO 3

Juliana perdida no shopping

Tem uma coisa que eu gosto muito de fazer nas horas vagas: ir ao shopping com a minha família. Então, nada teria sido mais natural do que eu ficar superfeliz e animada quando, no domingo de manhã, a Rafa me chamou para passear no shopping e almoçar por lá, certo? É... mais ou menos.

Feliz e animada eu até fiquei, mas também achei no mínimo estranho a Rafa me acordar cedo num domingo para ir ao shopping, sendo que ele nem estaria aberto àquela hora. Ainda mais para almoçar... Nada daquilo fazia sentido. Além disso, confesso que logo depois veio uma sensação de "tá bom, Rafa, qual é a armadilha?", que depois virou "será que a Rafa e o Luiz estão armando algum vídeo para me trollar de novo?" e finalmente concluí: "não importa, desde que tenha doce!".

Foi assim, nesse misto de empolgação e leve desconfiança, que eu me arrumei. O mais estranho é que toda a minha família resolveu ir e ninguém parecia achar estranho nós irmos ao shopping que ainda nem estaria com as lojas

abertas. Será que eu estava muito confusa de sono? Será que todo mundo sabia de algo que eu não sabia? Será que um evento muito extraordinário estava acontecendo para o shopping abrir mais cedo aquele dia? Já que todo mundo estava tranquilo com o passeio, me acalmei e fui para o shopping com meu pai, minha mãe, a Rafa e o Luiz. No caminho, eu estava tão animada contando o sonho mirabolante que tive à noite que nem percebi, quando chegamos no shopping, que ele estava completamente lotado. Não estava normal, não estava cheio – estava lo-ta-do. Além disso, algumas lojas já estavam começando a abrir.

Ok, então essa é a hora em que qualquer pessoa normal, eu inclusive, pensa em mil possibilidades que expliquem por que ele estaria assim tão lotado num domingo de manhã. Vamos lá, começando pelas mais óbvias:

1. Uma inexplicável e inédita chuva de chicletes que todo mundo queria aproveitar (tá, na verdade isso foi meio absurdo, mas vai dizer que não é um sonho maravilhoso?)

2.

3.

4.

Agora adivinhem: qual dessas possibilidades era real? Se uma das opções que você escreveu foi "nada", acertou. Não tinha nada fora do comum. Na-da. Nem uma mísera chuva de chiclete – e olha que eu procurei em cada cantinho do shopping.

Decepcionada e, ao mesmo tempo, intrigada, perguntei se ninguém estava achando estranho o shopping tão lotado. Adivinhem? Não só falaram que era normal como disseram que estranho era eu ficar fazendo essa pergunta sem sentido. Ué?!

Cansada de tentar descobrir isso entre os adultos e ainda receber respostas sem sentido, me separei da minha família por alguns instantes e entrei numa loja de doces e brinquedos em que nunca tinha reparado. O que, vamos combinar, também era bem estranho. Loja de **doces e brinquedos** que eu não conhecia?

Eu, Juliana Baltar, não conhecer uma loja de doces e brinquedos no shopping a que eu sempre venho?

Muito suspeito.

Saí em disparada, animada com as milhares de possibilidades que me esperavam. A Rafa me seguiu e, chegando na loja, cumprimentou a atendente pelo nome, disse que queria “o de sempre”, e as duas começaram a conversar como antigas amigas de infância.

Ok, eu definitivamente estava perdendo alguma coisa. Estava tudo muito estranho.

A essa altura, eu já estava um pouco irritada por não entender absolutamente nada do que estava acontecendo e entrei em uma porta da minha altura que ficava no fundo da loja. Ela tinha formato de pirulito, era toda colorida e, estranhamente, em cima dela tinha uma placa onde estava escrito "proibida a entrada de adultos".

Achei estranhíssimo, mas a questão é que eu, rainha da investigação que sou, não poderia deixar de entrar por aquela porta. Vai que algo muito legal me esperava? Assim, entrei pela porta e... vou deixar com vocês:

1. _

_ _

2. _

_ _

3. _

_ _

4. _

_ _

5. _

_ _

Muitas coisas incríveis poderiam ter acontecido, tenho certeza de que você pensou em várias. Mas a verdade é que:

ESTAVA CHOVENDO CHICLETE!!!

Sim, eu estou falando sério. Não, eu não estava sonhando. Eu sei que parece loucura! Mas a verdade é que aquilo tudo era maravilhoso demais para ser mentira. Era real! Eu sei porque me dei vários beliscões para ver se não estava sonhando. E sabe o que era mais curioso? Eu não via nenhum adulto.

Olhava para o lado e só via crianças. Crianças e doces! Ao ver aquele monte de balas, bombons e pirulitos, saí correndo, queria experimentar tudo! Fui em direção a um lugar que estava cheio de crianças gargalhando e vi a coisa mais incrível de todos os tempos: uma máquina gigante de chiclete de bolas! Melhor de tudo: não era preciso colocar moedas. Eu sou completamente apaixonada por esse tipo de chiclete, fiquei muito animada. Tudo era tão colorido, chamativo e divertido que eu não sabia aonde ir primeiro. Queria conhecer tudo!

É claro que eu ainda estava intrigada com a história de não ter nenhum adulto ali. Olhei para trás para ver se alguém da minha família estava por perto, mas ninguém estava me seguindo. Quem iria me supervisionar? Quem iria me mandar parar de comer doces? Mas, o mais estranho era que nem mesmo vendedores a loja tinha. E, conforme fui entrando, vi que ela tinha um corredor imenso que dava para outras lojas e até alguns pátios que eu nunca tinha visto antes naquele shopping. Todos eles sem um único vendedor ou adulto.

Pensando bem, aquilo tudo era bem 

MARAVILHOSO.

Perguntei a várias crianças, e todas me disseram que não havia nenhum adulto naquele lugar. Um mundo sem adultos! Ou seja: nada de regras. Nada de “pare de comer doces antes do jantar” ou “pare de correr e ande devagar”.

Vamos pensar juntos: o que mais você adoraria que tivesse num mundo sem adultos, onde tudo é permitido?

1. _____________________
____
____

2. _____________________
____
____

3. _____________________
____
____

4. _____________________
____
____

5. _____________________
____
____

Se você apostou em muito, mas muuuito doce, você é dos meus! E sabe o que é mais legal?

Eu estava em um lugar perfeito para nós! O cheiro de doce tomava conta de tudo, e todo mundo estava animado demais para pensar em parar. Assim como eu, todas as crianças corriam para ver até onde ia aquele lugar maravilhoso.

Andei um pouco e meus olhos brilharam quando vi o que estava à minha frente: uma gigantesca **piscina** de balas e pirulitos. Sim, você leu certo: uma piscina de balas e pirulitos. Não resisti e pulei! Quando saí da piscina, parei um tempinho para aproveitar um pirulito que tinha ficado grudado na minha roupa junto a outras balas. Ele era gigante e já na metade me deixou ainda mais eletrizada. Vi que tinha outro ponto de encontro onde todas as crianças paravam e pareciam muito impressionadas com alguma coisa que eu não conseguia ver. Então, é claro, segui naquela direção correndo, como sempre.

COLE AQUI OS ADESIVOS DE DOCES QUE NÃO PODERIAM FALTAR NO SEU MUNDO ONDE TUDO É POSSÍVEL.

O QUE VOCÊ ACHA QUE PODE TER SIDO TÃO INCRÍVEL A PONTO DE FAZER A JULIANA LARGAR DO PIRULITO GIGANTE E SAIR CORRENDO? DESENHE AQUI!

Parei de correr quando senti meus pés pisarem em um chão bem levinho e macio, com cheirinho de algodão-doce...

ALGODÃO-DOCE?

Quando percebi que aquilo era de fato algodão-doce, fiquei paralisada de tanta alegria. Olhei para a frente e percebi o que era aquele lugar: uma praia! E não uma praia qualquer, mas uma praia com algodão-doce no lugar de areia e gelatina no lugar de água! Sim, isso mesmo: um mar de gelatina! Eu também percebi uma coisa muito chocante: além das crianças, os outros banhistas eram ursinhos de goma gigantes! Eles eram divertidos e simpáticos. Tirei foto com alguns deles e conversamos um pouco.

Depois de um tempo com os meus amigos ursos de goma, resolvi aproveitar o mar. Preciso contar que foi uma das experiências mais divertidas que eu tive nesse dia – e olha que a lista é imensa! Imagine um pula-pula gigante. Agora imagine um pula-pula gigante no sabor da sua gelatina preferida. Qual seria esse sabor?

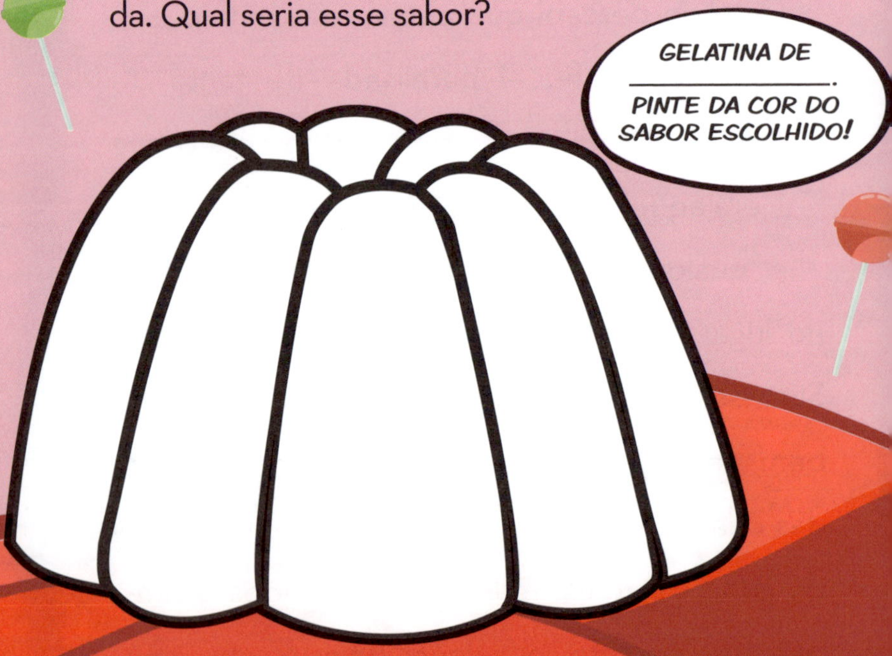

O meu sabor preferido é morango, então o mar ficou automaticamente vermelho. Eu me diverti MUITO pulando no mar de gelatina, tanto que no final já estava cansada e, apesar de não querer sair nunca daquele lugar, também queria um abraço da minha mãe... Foi aí que eu lembrei: todo mundo devia estar preocupado com meu sumiço! Era capaz que tivessem até acionado os seguranças do shopping.

Eu precisava voltar!

Comecei a correr na direção da porta por onde tinha entrado, mas confesso que já não lembrava mais onde ela ficava. Quando entrei fiquei tão animada com todos os doces, cores e cheiros maravilhosos que nem prestei atenção no caminho que estava fazendo. Então não estava muito claro na minha memória a direção em que eu deveria ir. Andei muito. Passei pelos meus amigos ursos de goma, vi a piscina de balas e pirulitos... Como é que eu tinha andado tanto assim? É bem verdade que as minhas pernas estavam doendo, mas eu nem percebi que havia caminhado tanto... Aliás, quanto tempo devia ter passado? Parecia até que tinha ficado o dia inteiro ali! Estava perdida em pensamentos quando me deparei com a máquina de bola de chicletes! Opa, não só estava na direção certa como também estava chegando na porta de entrada! Lembro de ter visto essa máquina logo no comecinho do dia. Andei mais um pouquinho e cheguei no local da chuva de chicletes e... nada de porta em formato de pirulito. Nada de placas indicando a saída. Aliás, que lugar mal sinalizado, hein?! Comecei a ficar impaciente e fui para outra direção.

Andei um pouco e percebi que estava saindo do mundo dos doces. Eu já não via nenhuma bala, chiclete ou pirulito no chão, mas parecia que eu entrava em outro mundo, também colorido e alegre, só que um pouquinho diferente... Foi então que percebi: esse mundo novo era um gigantesco parque de diversões! Tinha pipoca, algodão-doce (sim, mais algodão-doce!), cachorro-quente, pizza e, claro: muuuuitos brinquedos. Eu poderia passar minhas férias inteiras naquele lugar! Roda-gigante, montanha-russa, tiro ao alvo que tinha como prêmio ursinhos de pelúcia... Eu estava tão animada que até esqueci de procurar a saída e novamente fiquei imersa no mundo da diversão sem adultos: lá, eu podia ir no brinquedo que quisesse! Eu podia ir até mesmo nas montanhas-russas mais

QUAL SEU BRINQUEDO FAVORITO EM UM PARQUE DE DIVERSÕES?

assustadoras e radicais - coisa que meus pais não deixariam, caso estivessem comigo.

Chequei mais uma vez para ver se realmente não tinha nenhum adulto por perto e, junto com outras crianças, entrei numa montanha-russa tão alta e imensa, mas tããão alta a imensa, que eu nem conseguia ver onde ela terminava. É claro que era bem assustador não ver aonde aquele brinquedo ia parar, mas eu tinha que aproveitar aquela chance! Assim que subi no carrinho, bateu um frio na barriga. "Lá vamos nós", disse

baixinho, com aquela agitação típica de quando sentimos ao mesmo tempo medo e animação.

Então, o carrinho começou a subir. O barulho das correntes puxando o carrinho me deixou ainda mais ansiosa – quem já andou de montanha-russa sabe do que eu estou falando! O carrinho continuou subindo e subindo e subindo e subiu tanto que o topo parecia não chegar nunca. E enquanto subia, eu tive a chance de rever todo o mundo dos doces lá do alto. A praia de algodão-doce e gelatina estava cheia, e

as outras crianças pareciam se divertir muito. A chuva de chicletes continuava, o que me fez pensar que se tratava de um fenômeno permanente naquele lugar. Estava atenta aos outros brinquedos, pensando em qual deles eu iria em seguida quando senti a subida do carrinho diminuir levemente e reparei que estávamos no topo. A hora tão esperada havia chegado! Íamos descer. Fechei os olhos, levantei os braços, gritei com muita animação e...

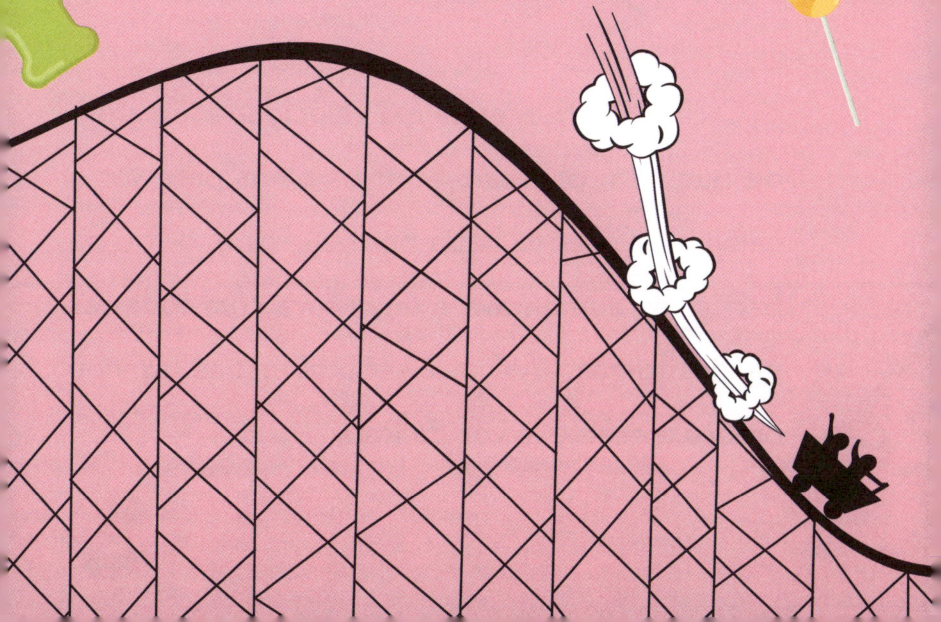

O carrinho desceu numa velocidade tão grande que nem consegui abrir os olhos para ver o caminho. O vento batia no meu rosto, o frio na barriga só aumentava e eu gritava com todas as minhas forças... Até que senti cutucões no meu ombro e escutei a voz da Rafa:

— Ju, você tá assustando os pais das outras crianças. Para de gritar.

Abri os olhos e vi que a Rafa estava do meu lado, na montanha-russa.

— Rafa, o que você está fazendo aqui? Achei que não podia ter adultos nesse mundo! E por que você não está curtindo a montanha-russa? Seu cabelo nem está voando com o vento, isso é **muito** estranho!

Ao ouvir minhas palavras, o rosto da Rafa passou de seriedade para preocupação.

— Ju, acho que você comeu doce demais. Vamos sair dessa loja? Todo mundo está esperando a gente para almoçar.

Nesse momento, fiquei sem entender nada. Olhei para os lados e eu já não estava mais na montanha-russa, mas sim sentada numa cadeira de plástico colorida, dentro de um cercado daquela loja em que entrei com a Rafa. Muitos doces estavam espalhados no chão, e outras crianças brincavam animadamente à minha volta, mas nada de mundo mágico. Acho que foi um sonho, mas gente, impossível! Impossível porque eu ainda estava toda suja da chuva de chicletes! Como é que eu saí dele? Confusa, peguei na mão da Rafa e saí com ela da loja. Lá fora encontramos meus pais e o Luiz.

— Gente, vocês não vão acreditar! Eu passei por uma porta de pirulito dentro daquela loja e entrei num mundo mágico! Tinha chuva de bala, piscina de pirulito, areia de algodão-doce, mar de gelatina... E no final eu entrei num parque de diversões supermaluco e sem regras, não tinha nem controle de altura! Eu podia entrar no brinquedo que quisesse! Andei numa montanha-russa gigantesca, mas a Rafa me tirou de lá não sei como...

Depois de alguns minutos - meio embaraçosos, preciso dizer - todo mundo começou a falar ao mesmo tempo, e eu nem consegui entender quem falava o quê:

– Juuuura? Nossa, que incrível!

– Gente, adorei, também quero!

– Deve ter sido muito legal mesmo, Ju!

Fiquei irritada porque eles não estavam acreditando, então dei um basta:

– Ok, podem parar! É tudo verdade, não estou inventando! Eu sei que é tudo muito maluco, meio irreal, e eu comi doce demais, para ser sincera... Mas eu não estou mentindo. Tudo isso aconteceu agora mesmo, dentro daquela loja. Pode não ter sido "real e chato" do jeito que vocês, adultos, veem, mas todas aquelas crianças podem confirmar a minha versão. E vocês estão querendo almoçar, mas eu passei o dia inteiro lá. Está na hora da janta, isso sim!

Pois é. Climão.

E então a Rafa resolveu se manifestar:

– Ju, você tem razão. Você tem falado umas coisas meio estranhas hoje, mas eu tenho certeza de que isso tudo aconteceu de verdade e todos nós acreditamos em você. Desculpe se pareceu o contrário.

– Como assim eu tenho falado coisas estranhas? – ela só pode estar brincando, né? Agora eu é que falo coisas estranhas?

– Bom, primeiro, você ficou achando estranho eu te acordar "cedo" – sim, ela fez aspas com as mãos. Mereço. – Meio-dia não é cedo. Segundo, você achou estranho o shopping lotado, sendo que estranho seria ele não estar lotado no horário de almoço no domingo. Terceiro, você ficou

muito surpresa com a loja, sendo que quase sempre que a gente vem no shopping a gente vai lá. A única diferença é que ela agora vende brinquedos, e antes vendia apenas doces. Por último, você ficou o tempo todo sob minha supervisão lá dentro. Você realmente entrou pela porta de pirulito de uma área delimitada, mas à vista de todo mundo. Eu vi que você estava se divertindo muito, e tenho certeza de que tudo que você relatou aconteceu de verdade, mas só se passaram trinta minutos e...

– Trinta minutos? Como podem ter se passado só trinta minutos se eu fiz tanta coisa? – eu estava definitivamente cansada, então resmunguei: – Deixa pra lá, vamos almoçar.

Durante o almoço conversamos sobre minhas aventuras no mundo sem adultos.

Todos pediram mais detalhes e ficaram realmente interessados em saber mais sobre os doces e os brinquedos. Diria até que ficaram com certa inveja por não terem me acompanhado. Fiquei tão feliz ao me lembrar das minhas aventuras que nem me aborreci com o fato de não terem acreditado em mim naquele primeiro momento – tenho certeza de que só estavam famintos, e todo mundo sabe que a fome é um monstrinho que às vezes desacelera nossa imaginação usando mau humor e cansaço.

A verdade é que a minha família sempre me acompanha em todas as aventuras (da vida, do canal...), então tenho certeza de que da próxima vez eles entrarão comigo naquele mundo mágico. Disfarçados por causa da idade, é claro!

IMAGINE O QUE VAI ACONTECER QUANDO A JU E TODA A SUA FAMÍLIA RESOLVEREM ENTRAR NESSE MUNDO MÁGICO JUNTOS. SERÁ QUE ELES VÃO ENCONTRAR OS MESMOS DOCES? SERÁ QUE ALGUÉM VAI DESCONFIAR DA IDADE DELES E ISSO VAI DAR ALGUMA CONFUSÃO? ESCREVA AQUI!

AU AU
AU AU
AU AU
AU AU

CAPÍTULO 4

Doug, o cachorrinho perdido

AU AU
AU AU
AU AU

Era uma tarde fresquinha de sábado, daquelas que ninguém pode colocar defeito. Eu tinha dormido bem à noite, comido coisas gostosas no café da manhã e no almoço e agora poderia relaxar a tarde inteira. Então, eu estava no Snapchat fazendo vídeos e usando aquele filtro de cachorro quando, de repente, ao abrir a boca, escutei um latido. Apaguei o *snap*, fui fazer de novo.

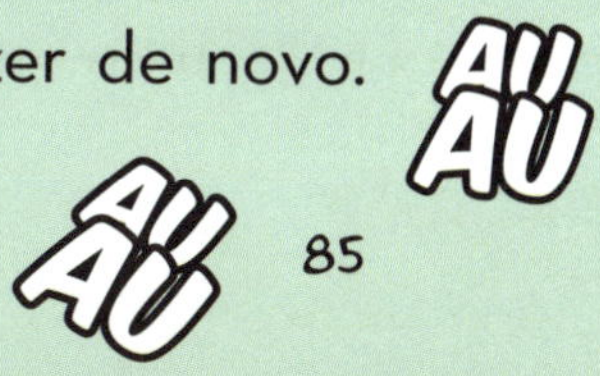

Abri a boca e... outro latido. Mas que coisa...

Abri a boca novamente e, mais uma vez, saiu um latido. Fiquei superempolgada com a novidade, ainda mais porque parecia muito real! Mandei mensagem para a Rafa:

< Chats **Rafaella**
online

Ju: Ei, Rafa, você viu que o filtro de cachorrinho agora tem latido quando você abre a boca?

Rafaella: ???

Ju: Do Snapchat!

Rafa: Ah, pera... vou ver.

Rafa: Não tem não, Ju. Só o barulho da língua pra fora mesmo.

Ju: Mas eu ouvi os latidos duas vezes!

Rafa: Ju... você deve ter sonhado. Preciso ir!
Mais tarde você me mostra.

Achei estranho, mas deixei pra lá. Mais tarde eu mostraria para a Rafa. Voltei a fazer vídeos no Snapchat usando outros filtros e...

OUTRO LATIDO?

O filtro não tinha nada a ver com cachorros, então achei muito estranho que o filtro tivesse aquele latido. Curiosa, resolvi procurar a origem do latido. Saí na frente de casa e lá estava: do lado da porta, bem no cantinho, um cachorrinho muito fofo me encarava com olhos pidões. Ao me ver, começou a abanar o rabo animado e a chorar por carinho.

Pronto. Não tinha mais volta. Como é que você simplesmente vira as costas para um cachorrinho carente?

Você não vira.

Eu me abaixei para fazer carinho, e ele deitou de barriga para cima, abanando ainda mais o rabo, dando pequenas lambidas nas minhas mãos. Percebi que ele estava limpinho e até gordinho, tinha uma coleira bonita, mas a argola – onde deveria estar a identificação e muito provavelmente o cordão que o prendia ao dono – estava quebrada. Isso me fez pensar que ele devia ter se perdido há pouco tempo e que o dono devia estar preocupado à procura dele! Isso tinha cara de missão para a:

Detetive Juliana

Como toda boa detetive, eu tenho meu uniforme de trabalho: um vestido roxo estampado e uma flor de enfeite para o cabelo. Vesti meu traje especial de investigação e saí pedindo ajuda aos meus amigos do bairro. Levei o cachorro junto e passei o tempo todo pensando que ele precisava de um nome. Eu olhava pra ele, ele abanava o rabinho, olhava de novo, ele pulava em cima de mim. Tive uma ideia! Chamei ele de Doug, e ele pareceu feliz com isso. Então, a partir daquele momento esse se tornou o nome dele.

Com certeza ninguém resistiria ao charme do Doug, ele era muito convincente.

SE VOCÊ FOSSE DETETIVE,
QUAL SERIA SUA ROUPA ESPECIAL DE
INVESTIGAÇÃO? FAÇA UM DESENHO
OU COLE UMA FOTO AQUI.

Como previsto, todos os meus amigos ficaram encantados com o Doug e resolveram me ajudar a procurar o dono dele. Andamos por todo o bairro, olhamos cada cantinho, exploramos cada esquina, andamos por todas as praças. Visitamos o mercadinho de flores, perguntamos ao guarda do parque, falamos com o motorista de táxi que estava parado no ponto, batemos papo com o vendedor da sorveteria... Falamos com quase todo mundo do bairro e nada. Até criamos um mapa indicando os lugares que já tínhamos visitado, para não passar pelo mesmo caminho.

AJUDE A JULIANA A MARCAR OS LUGARES PELOS QUAIS JÁ PASSOU. USE SEUS ADESIVOS DE ACORDO COM O QUE A JULIANA ENCONTROU EM CADA LUGAR.

Apesar do trabalhão que isso deu, foi tudo muito divertido! O Doug era um ótimo companheiro de aventuras, e meus amigos, como sempre, me faziam rir bastante.

Depois de um bom tempo procurando sem resultados, resolvemos parar para descansar na casa da Lurdinha. Eu estava exausta e com muita fome! Mas aí tive uma ideia: fazer um vídeo no celular e postar no canal para os meus seguidores me ajudarem naquela missão. Gravei um vídeo bem rapidinho, mostrei o Doug, expliquei a situação e pedi para todo mundo compartilhar em todas as redes. Os meus seguidores, como sempre, foram OS MELHORES DO MUNDO, e em cinco minutos a foto do Doug estava em todos os lugares e eu voltei a comer.* Eu estava saboreando o meu lanche e brincando de jogar um graveto para o Doug quando recebi uma mensagem da Rafa:

* NA VERDADE, ESSA HISTÓRIA NÃO ACONTECEU BEM ASSIM... E EU NÃO FIZ O VÍDEO COM O DOUG. MAS TENHO CERTEZA DE QUE MEUS SEGUIDORES TERIAM ME AJUDADO A ENCONTRAR O DONO DE UM CÃOZINHO.

< Chats

Rafaella

online

Rafa: Ju, onde você tá? Vi que você postou um vídeo com um cachorro perdido. Que história é essa?

Ju: Rafa, é uma longa história, vem aqui que eu te conto!

Rafa: Aqui onde?

Ju: Na frente da casa da Lurdinha. Paramos para fazer um lanchinho e descansar, mas já vamos sair novamente. Vem logo!

Rafa: Nossa, não entendi nada... mas tudo bem, tô indo aí. O Luiz está aqui comigo, ele também vai.

Ju: Ótimo! Quanto mais detetives, melhor!

Rafa: ...

Quando a Rafa e o Luiz chegaram na casa da Lurdinha, foi uma festa: o Doug ficava muito empolgado cada vez que encontrávamos alguém diferente! A animação foi tanta que, por alguns minutos, nós até esquecemos que precisávamos procurar o dono do Doug e ficamos na praça em frente à casa da Lurdinha brincando mais um pouco.

Todo mundo estava sentado na grama conversando e dando risada quando a Lurdinha, que até então estava concentrada no celular, falou:

— Gente, para tudo! Olhem o que eu acabei de ver na internet.

Todos nós nos amontoamos para olhar o celular da Lurdinha, que é a pessoa mais conectada nas redes sociais que eu conheço, e lá estava: a foto de um cartaz de um cachorro desaparecido. De um cachorro não, do nosso Doug. O dono dele tinha feito aquele anúncio, que desde o dia anterior estava sendo compartilhado por várias pessoas. Naquele momento um dos meus seguidores o tinha postado na minha página. Ficamos bastante surpresos, pois o Doug tinha sumido em um bairro um pouco distante do nosso. Devia ter andado bastante, tadinho! Mesmo assim, estava ali feliz, brincando com toda a energia do mundo.

PROCURADO
CACHORRINHO
PERDIDO

Ficamos imaginando o desespero e a saudade que o dono do Doug devia estar sentindo, então resolvemos acionar os nossos super-heróis particulares:

NOSSOS PAIS!

QUEM É O SEU SUPER-HERÓI PARTICULAR? PODE SER SEU PAI, SUA MÃE, SUA AVÓ, SEU TIO... COLE AQUI UMA FOTO DE VOCÊS JUNTOS.

Eu chamei meu pai e minha mãe, que me ajudaram a combinar com o dono do Doug onde nos encontraríamos, e depois me acompanharam até lá.

Chegando no lugar combinado, foi uma alegria imensa para todos: o dono chorou de felicidade, o Doug pulou até não poder mais, eu sentia que a alegria era tanta que nem cabia em mim, a Rafa e o Luiz comemoraram como final de Copa do Mundo e meus pais se emocionaram. Depois de alguns minutos, todos os meus amigos chegaram com seus pais para também conhecer o dono do Doug. Ficamos um tempão conversando com ele, contando nossas aventuras pelo bairro, tentando entender o caminho que o Doug tinha feito para chegar até minha casa. Às vezes acho que essas coisas muito malucas só acontecem comigo!

Quais eram as chances de ele parar justamente na minha porta? Quando o encontrei na frente de casa, parecia até que ele estava esperando por mim. Mas é claro que eu não tenho como saber o lado da história do Doug, o que ele passou até chegar na minha porta...

VOCÊ TEM ALGUMA HIPÓTESE?

No final, para comemorar que tudo tinha dado certo, tomamos vários sorvetes de casquinha – com direito a muita cobertura, claro!

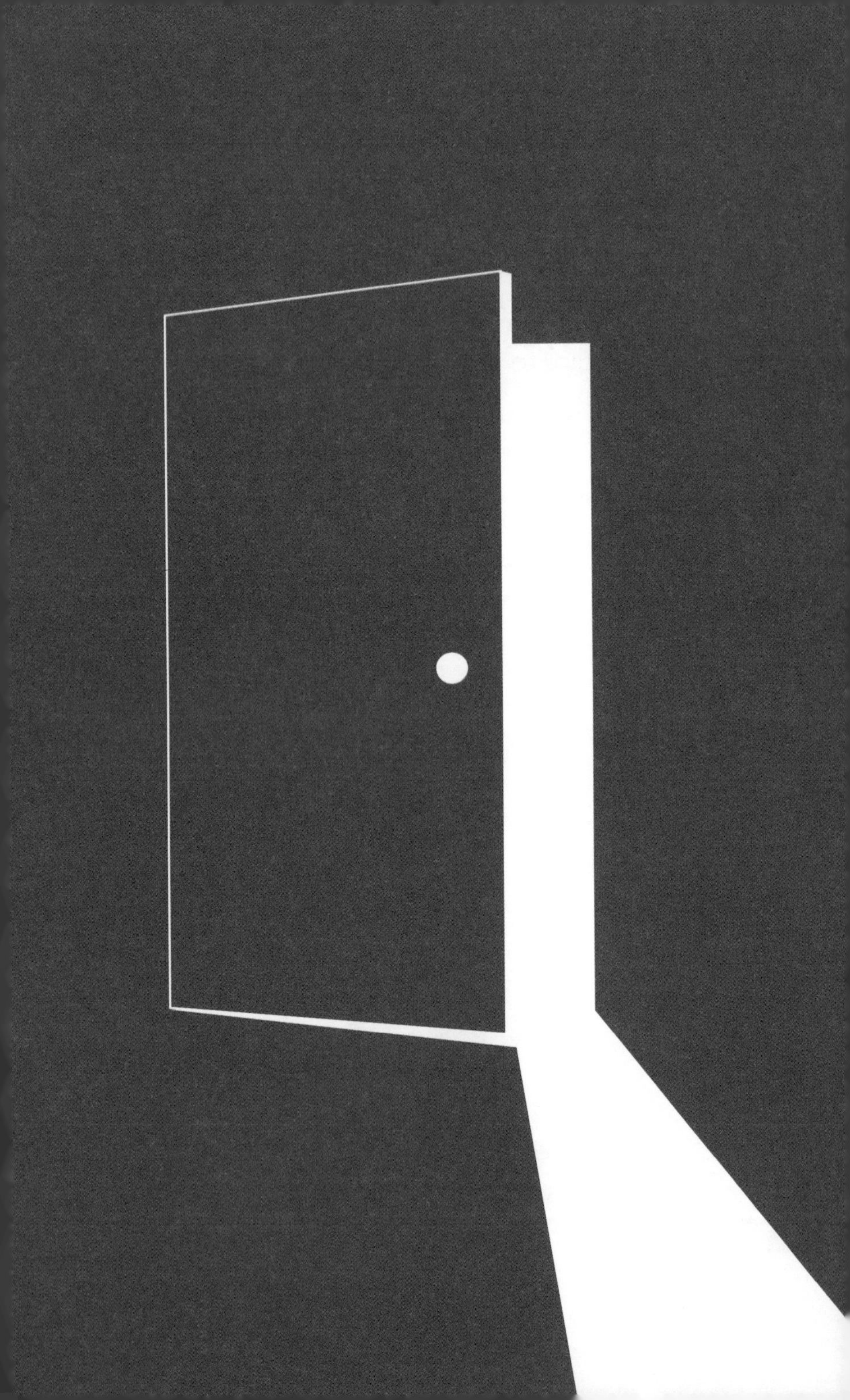

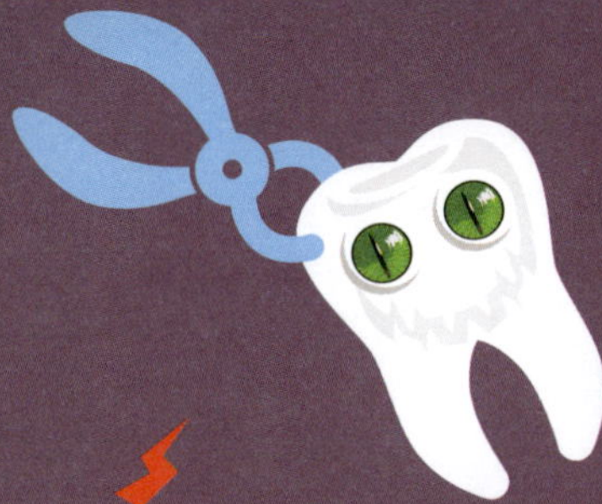

CAPÍTULO 5

A dentista louca

A esta altura do livro você já deve ter percebido que eu adoro doces, mas quem não gosta? Só que eu gosto tanto que às vezes exagero. A grande questão em exagerar nos doces é que isso pode trazer uns problemas bem chatos como dor de dente, dor de barriga... É tão chato que até me obrigam a ir ao médico e ao dentista – coisa que, vamos combinar, não é lá muito legal.

CAPÍTULO 5

Um dia desses, enquanto tirava uma soneca no sofá, comecei a sentir uma dorzinha no dente. Era uma dorzinha quase imperceptível, então eu ignorei porque: 1. Era suportável, 2. Eu não ia interromper minha soneca por isso e 3. Eu não queria ir à dentista. Não me leve a mal, eu até gosto da minha dentista. Conversar com ela é muito legal, e ela sempre me distrai na hora de mexer no dente. Mas vamos falar de prioridades? Eu estava sonecando, não ia levantar por causa de uma dorzinha. Então continuei dormindo.

Coisas melhores para fazer do que ir ao dentista:

Foi então que a dorzinha se transformou numa dor bem considerável, e eu acordei com meu dente latejando. Ai! Eu definitivamente não ia conseguir dormir mais depois daquilo. Falei com a minha mãe e pedi para ela me levar à dentista, porque daquele jeito não ia dar para continuar. Claro que ela estranhou eu pedindo um dentista – e por isso mesmo me atendeu na mesma hora. Mandou a Rafa me levar e lá fomos nós.

Chegando no consultório, recebi a pior notícia que eu poderia receber naquele momento: a minha dentista não poderia me atender. Ela estaria fora do consultório o resto da semana, e a secretária me indicou outra dentista que poderia olhar o que eu tinha.

Ter alguém mexendo no seu dente já é assustador. Agora imagine ter alguém desconhecido fazendo isso?! Não era só assustador, era um verdadeiro filme de terror! Mas respirei fundo, o dente doeu um pouco mais, e fomos para outro consultório.

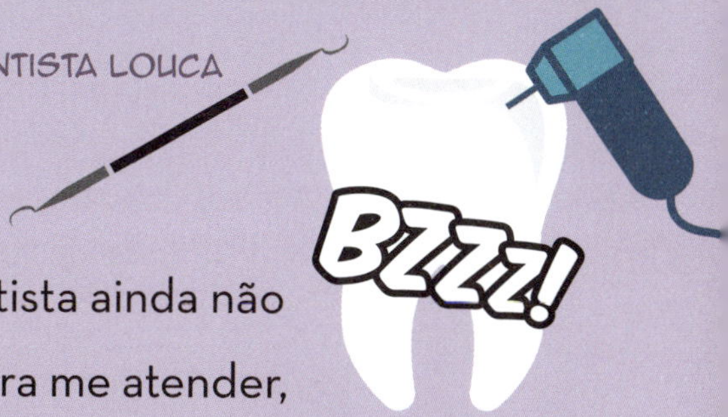

Como a nova dentista ainda não estava preparada para me atender, sentei com a Rafa na sala de espera. Enquanto ela lia, entediada, algumas revistas velhas, eu temia o que poderia acontecer. Para melhorar o clima de filme de terror, eu escutava ao fundo aquele barulhinho típico de consultório de dentista. A máquina de furar dentes atacava sua vítima da vez! E logo seria eu! Não aguentei e comecei a contar todos os meus medos para a Rafa.

— Rafa, e se ela aplicar anestesia com uma agulha gigante? Ou pior: e se ela arrancar meu dente sem nem aplicar anestesia?! E se ela arrancar o dente errado? E se decidir que quer usar essa maquininha pra chegar até o centro da minha cabeça? E se começar a doer, eu começar a gritar e ela ignorar e me amarrar?

Eu tremia e suava frio só de pensar.

— Calma, Ju. Vai dar tudo certo. Ela vai olhar com muito cuidado, foi a secretária da sua dentista mesmo que indicou essa nova. Tenho certeza de que não vai precisar arrancar nenhum dente, fica tranquila.

Com essas palavras da Rafa, fiquei um pouquinho mais calma. Mas só um pouquinho. Resolvi pensar em coisas boas para afastar meus medos.

Ajude a Juliana a pensar em coisas boas para afastar o medo:

_ _

_ _

_ _

_ _

_ _

_ _

Foi justamente quando eu pensava na festa de aniversário que dei para a Lari que ouvi a temida e horrível frase: “Juliana, sua vez, pode entrar”.

😱 SOCORROOOO

Com toda a coragem que consegui reunir, marchei em direção à sala da dentista. Dei um último olhar de sofrimento para a Rafa, que soltou um sorrisinho de incentivo. A moça da recepção me falou quando passei:

– Ela foi apenas tomar uma água, mas já volta, ok? Pode esperar lá dentro do consultório mesmo.

Concordei, já me sentindo pálida e sem ar, e fui para o consultório. Entrando lá, tive a impressão de ter sido automaticamente transportada para um cenário de filme de terror: a sala estava

gelada, as cores das paredes eram escuras, e na mesa da dentista tinha instrumentos assustadores como martelo, furadeira, pregos... Foi então que eu vi, no canto da sala, uma caixa vermelha. Curiosa com o que poderia estar escondido lá dentro, abri a tampa e levei um susto: ali estava um dente todo ensanguentado! Fechei a caixa apressadamente e, com o coração acelerado e sem conseguir pensar direito, dei alguns passos em direção à porta, ainda de costas e encarando a caixa. Queria sair dali o mais rápido possível. Foi então que trombei com alguém e dei um pulo de susto.

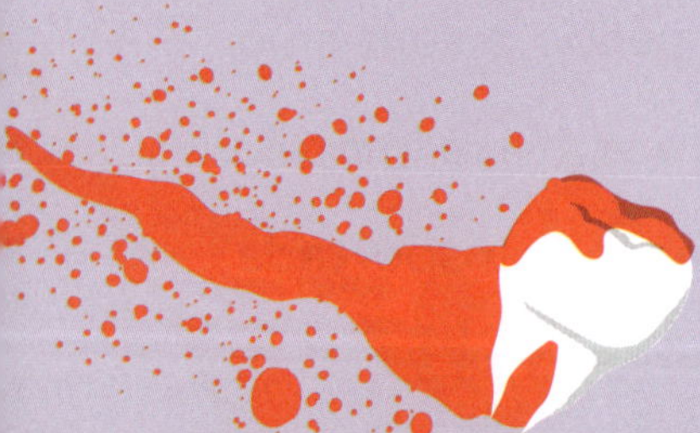

AAAAAAHHHHHHHH
DENTISTA

Como eu, pelo visto, estava em um filme de terror, nesses segundos antes de virar para ver quem estava ali parado imaginei diversas possibilidades. Essa eu vou deixar com vocês:

Quem você acha que estava na porta?

— Juliana, o que está acontecendo? Está tudo bem? — ao ouvir a voz e me virar para trás, percebi que quem estava lá era pior do que qualquer pessoa que eu ou você poderíamos ter imaginado: era a dentista!

Gaguejando e tremendo, respondi que o pulo era por causa de um soluço. Mesmo assim, acho que não consegui disfarçar meu medo, pois ela pareceu desconfiada e pediu para eu sentar na cadeira. Percebendo minha hesitação, ela me fez sentar à força e começou a me amarrar, se explicando:

— Não quero que você sinta medo, mas isso é necessário. É o procedimento padrão para crianças. Senão, você pode se mexer muito e se machucar ou sair correndo antes de eu terminar.

CAPÍTULO 5

Eu estava tão assustada que não consegui sequer tentar escapar. Tentei gritar, mas minha voz estava fraca. EU SABIA QUE ISSO IA ACONTECER. EU SABIA. Tentei fugir, mas a dentista segurava meu braço com muita força. Logo depois ela ligou a furadeira, que fazia um barulho muito alto, e quando finalmente consegui recuperar o fôlego para gritar, já era tarde: ninguém mais conseguiria me ouvir com aquele barulho horrível.

Comecei a me debater e a espernear, então ela me amarrou com tanta força que até doía quando eu tentava me afastar. Cansada e apavorada, mal consegui me mexer quando ela apontou a furadeira na minha direção.

Ela vinha na direção da minha boca em câmera lenta e, como num filme de terror, ouvi uma música assustadora tocando ao fundo. Todo o resto da sala pareceu ficar escuro e foi como se todas as paredes se encolhessem até nós duas ficarmos sozinhas num espaço minúsculo. Ainda estava muito frio, mas eu me sentia sufocada. Além disso, eu não conseguia ver direito o rosto da dentista por causa da máscara que ela usava, mas tive a impressão de que estava sorrindo, porque seus olhos pareciam gostar do meu desespero.

Ela não parava de rir e eu não parava de chorar, mas acho que ninguém tinha percebido que a mulher era completamente doida e estávamos sozinhas naquele consultório.

— ME TIRA DAQUI! Prefiro ficar com dor no dente!

— Calma, Juliana, nós vamos acabar com isso rapidinho — a dentista louca dizia, com brilho nos olhos e um sorriso imenso.

Comecei a gritar e me debater, numa última esperança de que a Rafa entrasse para me salvar.

RAFA, ME AJUUUDA!

Porém, exatamente como nos filmes de terror em que ninguém aparece para salvar a pessoa em perigo, aqui a minha fuga só dependia de mim – e eu já não tinha muito o que fazer. Assim que a furadeira encostou no meu dente, senti uma dor insuportável, gritei e...

O QUE VOCÊ IMAGINA QUE VAI ACONTECER EM SEGUIDA? SERÁ QUE A RAFA VAI APARECER PARA SALVAR A JULIANA? OU SERÁ QUE A JULIANA VAI CONSEGUIR ESCAPAR SOZINHA?

CAPÍTULO 5

Acordei num pulo, no sofá da minha casa, com a minha mãe me encarando.

— Ju, hora de ir dormir na cama. Desliga essa TV. Aposto que você estava tendo pesadelo por causa desse filme horrível que está passando.

Na TV, uma moça gritava desesperadamente no chuveiro enquanto a câmera mostrava apenas a sombra de alguém com uma faca.

Fui dormir ainda tremendo e tive certeza de que escovei os dentes antes para poder dormir tranquila.

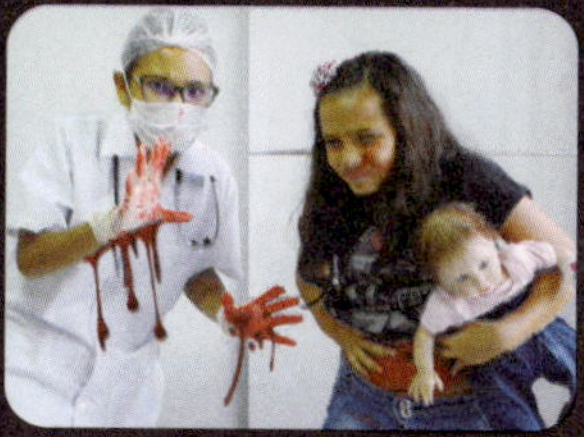

VOCÊ GOSTA DE
HISTÓRIAS DE TERROR?
NÃO PERCA A SÉRIE
"A MÉDICA LOUCA":
http://goo.gl/Dn9F3S

ATÉ A PRÓXIMA AVENTURA!!!

Este livro foi impresso pela gráfica Arvato Bertelsmann em papel offset 90 g.